welcome

THIS BOOK BELONGS TO :

• • • • • • • • • • • • • • • • •

Cutting practice

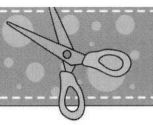

Cutting practice

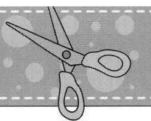

Cutting practice

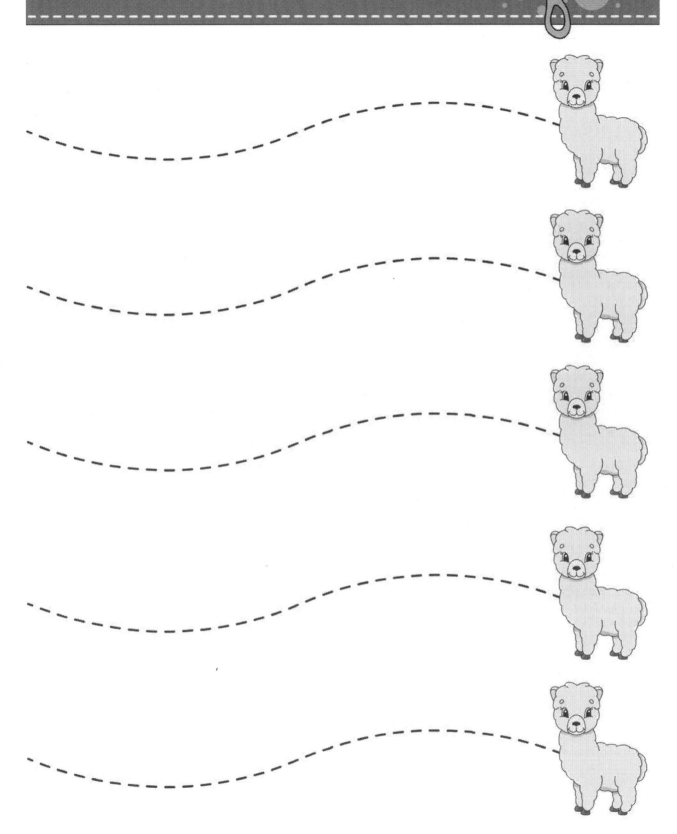

Cutting practice

Cutting practice

Cutting practice

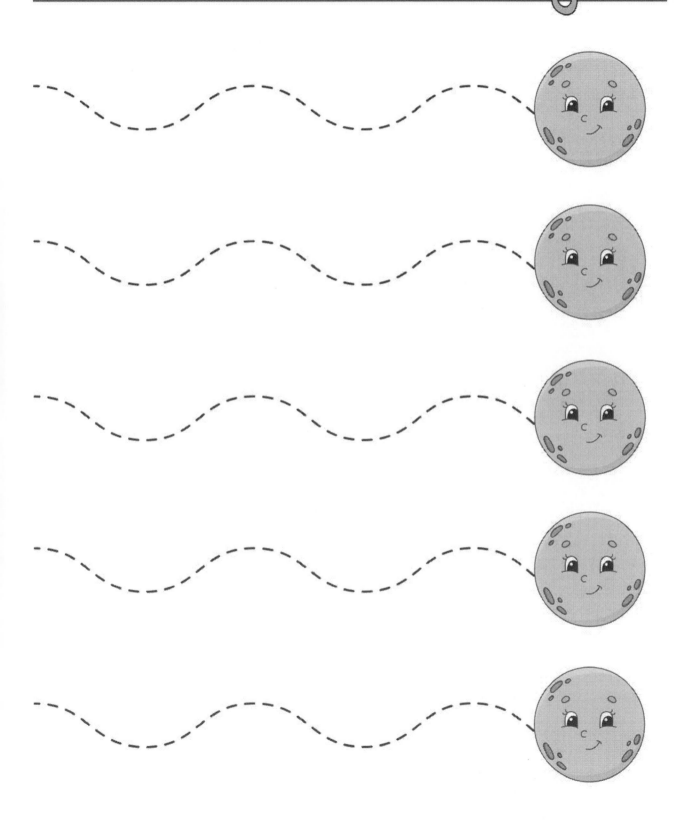

Cutting practice

Cutting practice

Cutting practice

Cutting practice

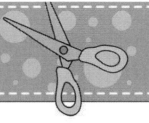

Cutting practice

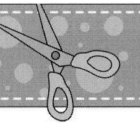

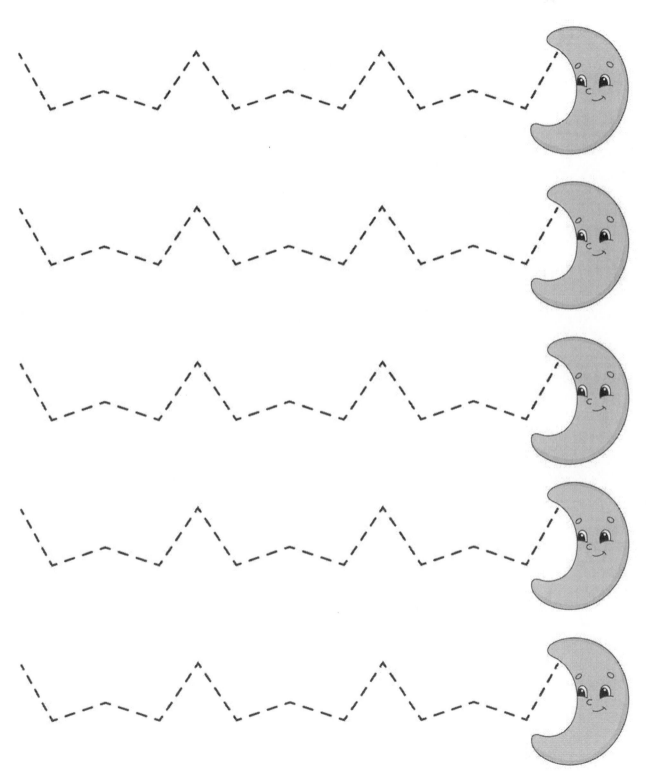

Cutting practice

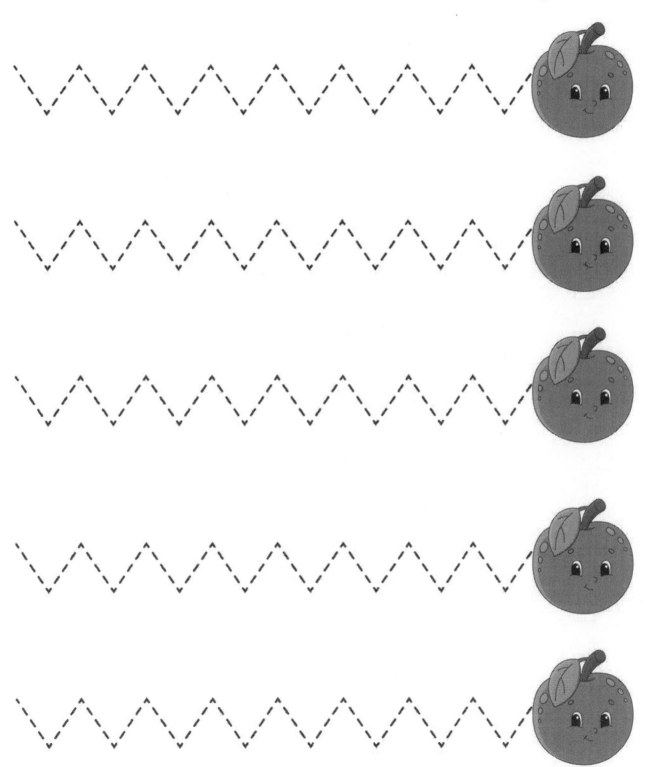

Cutting practice

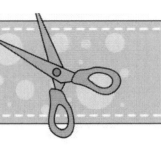

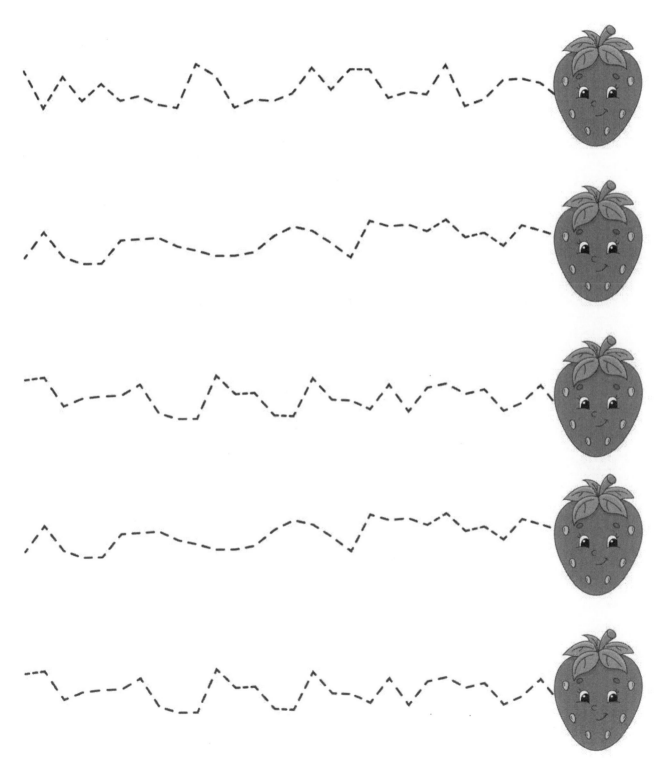

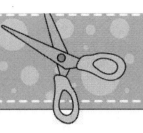

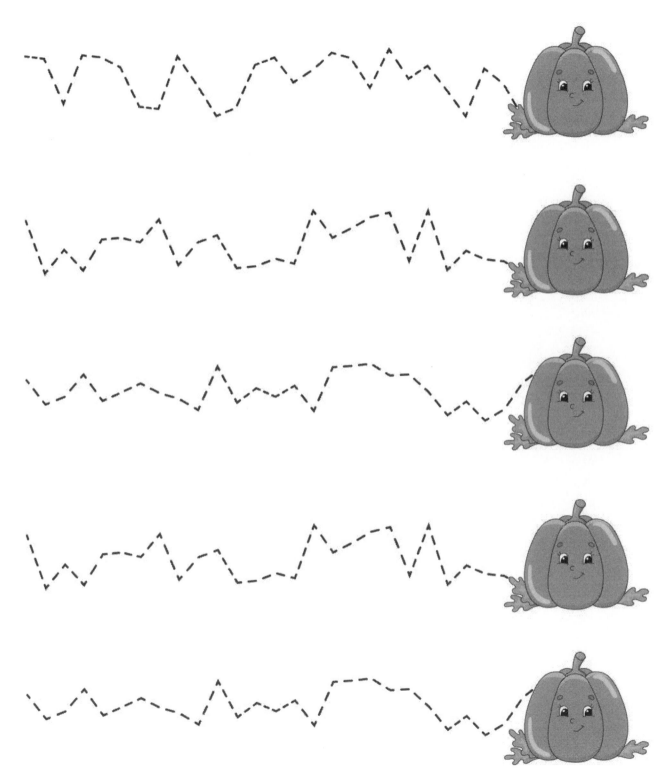

Cutting practice

Cutting practice

Cutting practice

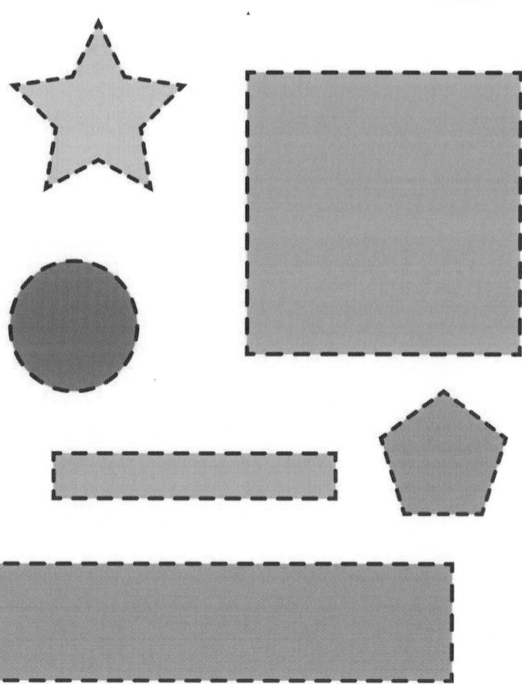

Cutting practice

Cutting practice

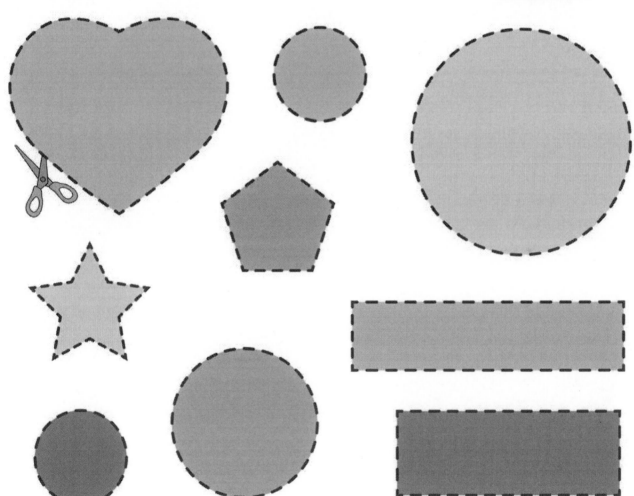

Cutting practice

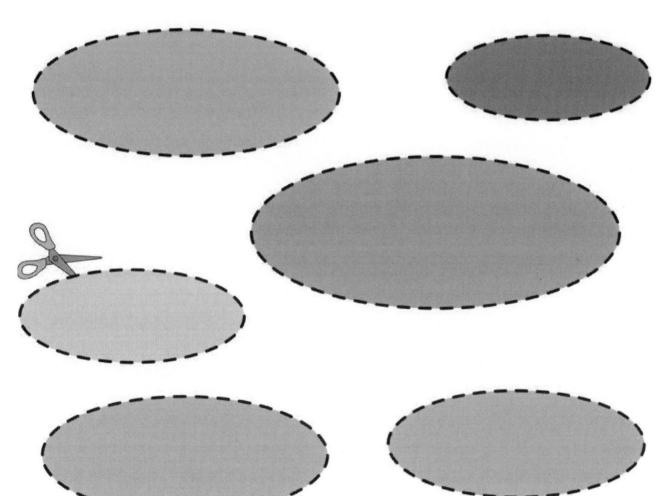

Cutting practice

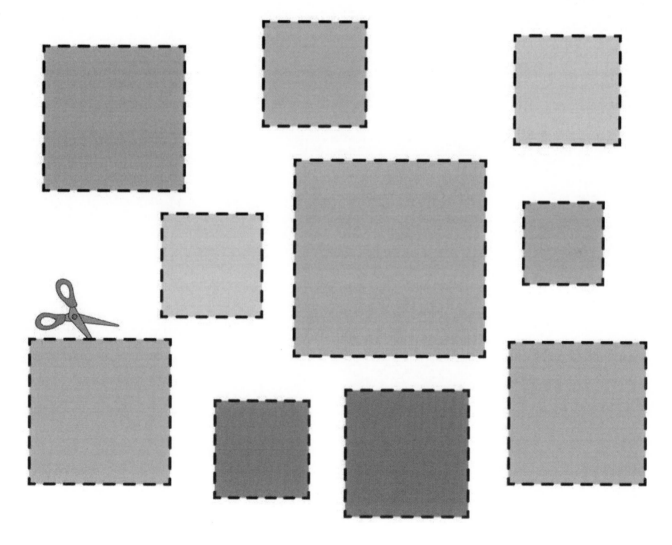

Cutting practice

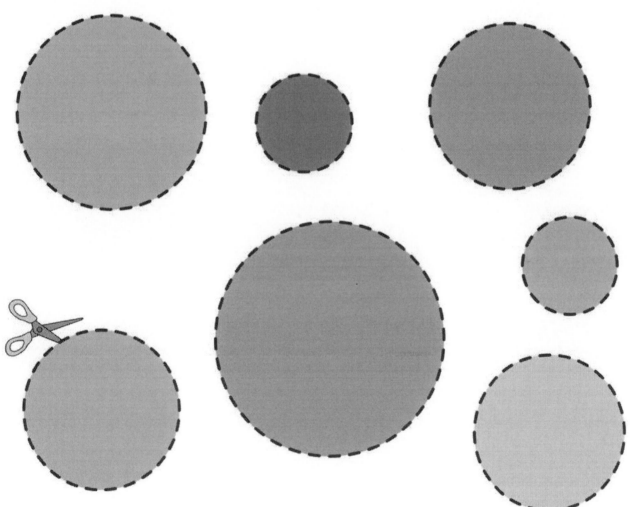

Cutting practice

Cutting practice

Cutting practice

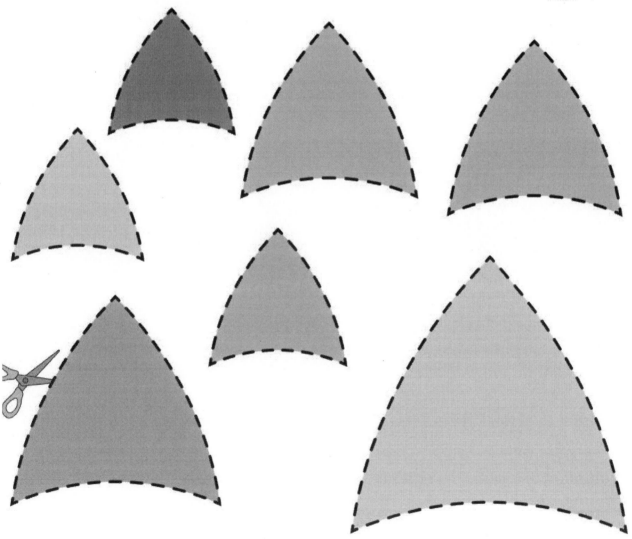

Cutting practice

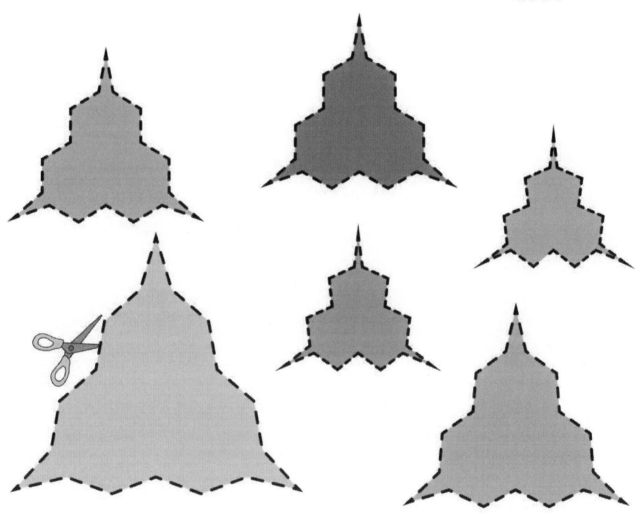

Cutting practice

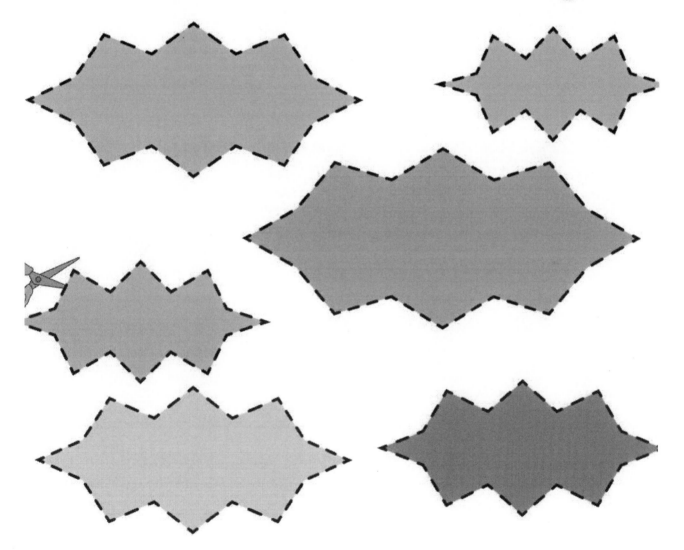

puzzles
time

Puzzle game

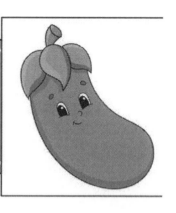

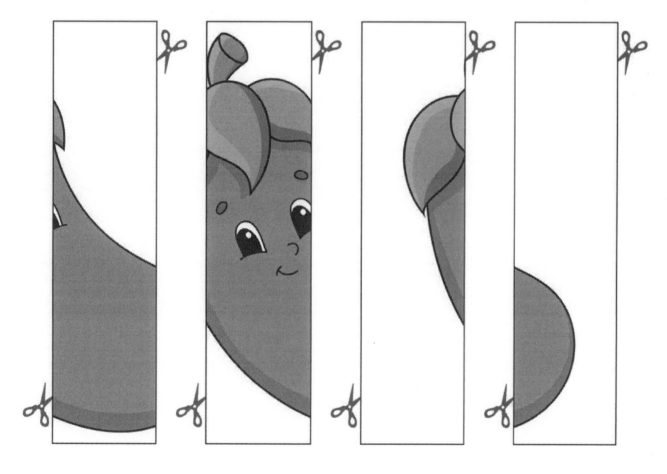

Puzzle game

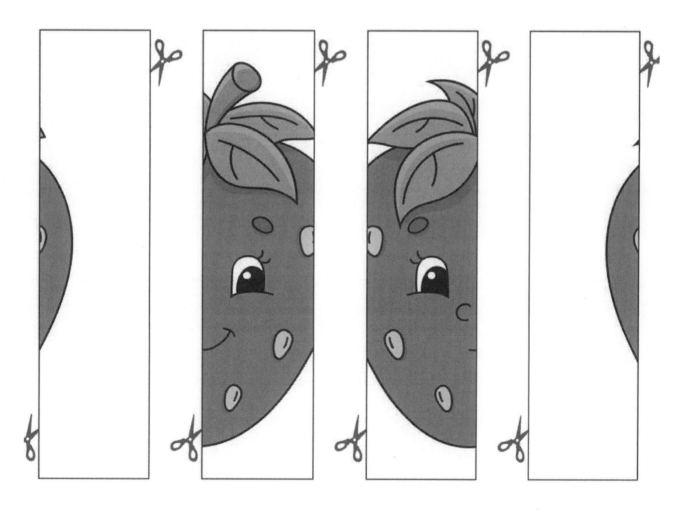

Puzzle game

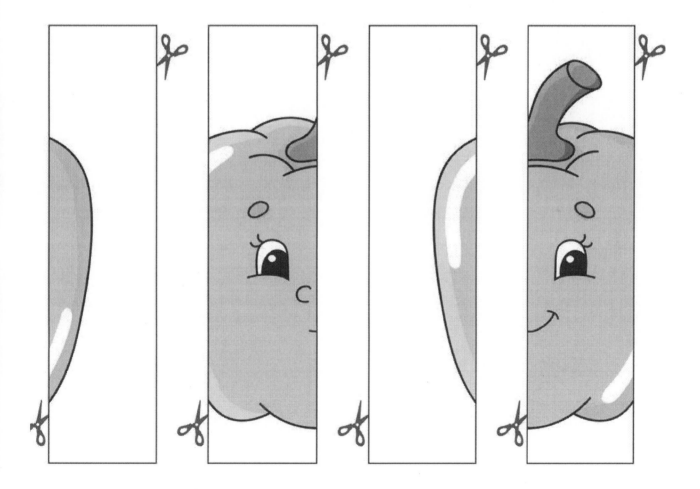

Puzzle game

Puzzle game

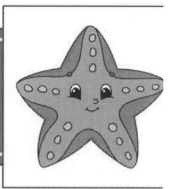

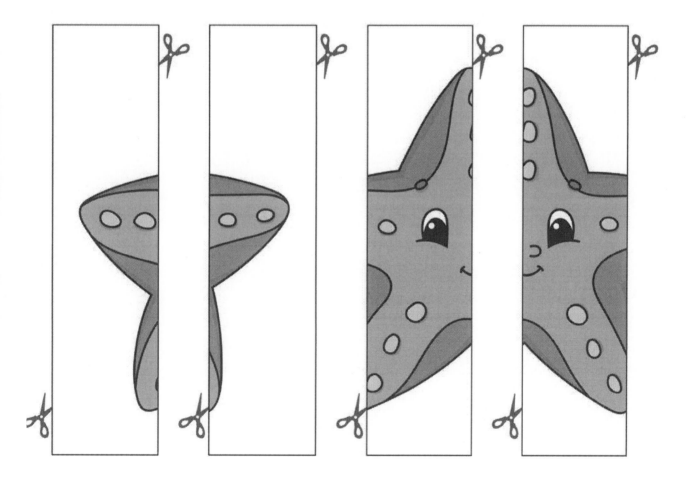

THE
END

Printed in Great Britain
by Amazon